Vorwort

Ob zu Kaffee, Tee oder als Snack zwischendurch.
Der Duft von selbst Gebackenem lädt zum gemütlichen Zusammensein mit Familie und Freunden ein.

Der Thermomix ist seit mehreren Jahren fester Bestandteil in unserer Küche und durch unsere Leidenschaft zum Backen entstand diese Rezeptsammlung mit über 30 köstlichen Gebäckteilchen.

Mit viel Liebe haben wir diese Rezepte für Sie kreiert und liebevoll in Szene gesetzt. Lassen Sie sich inspirieren, denn Backen ist ein Erlebnis für alle Sinne.

Mit dem Thermomix lässt sich alles einfach und schnell umsetzen, sodass Sie sich auf entspannte und genussvolle Momente mit Ihren Lieben freuen können.

Wir wünschen Ihnen viel Freude beim Backen.

MANUELA & JOELLE ♡

Rezeptübersicht

Pro Stück: 426 kcal | 47 g KH | 7 g EW | 27 g Fett

Krümelchen

18 STÜCK

für den Teig

6	Eier
250 g	Zucker
1 P.	Backpulver
1 EL	Vanillezucker
1 Prise	Salz
500 g	Mehl
250 g	Schmand
200 g	neutrales Öl

für die Creme

200 g	weiche Butter
400 g	gesüßte Kondensmilch

TIPP

Lassen sich prima am Vortag zubereiten. Kühl aufbewahren.

Zubereitung

Backofen auf 200°C Umluft vorheizen. Alle Teigzutaten in den Mixtopf geben und **1 Min./Stufe 4.5** rühren. Den Teig auf zwei mit Backpapier ausgelegte Backbleche geben und verstreichen. Mixtopf spülen.

Im vorgeheizten Ofen ca. 15-20 Min. goldgelb backen und etwas abkühlen lassen. Mit einem Glas Teigkreise (Ø ca. 6 cm) ausstechen. Die Teigreste in einer Schüssel zerkrümeln.

Für die Creme **Rühraufsatz einsetzen**. Butter und Kondensmilch in den Mixtopf geben und **30 Sek./Stufe 3.5** aufschlagen.

Die Teigkreise mit der Creme bestreichen und jeweils zwei Kreise aufeinandersetzen. Rundherum ebenfalls Creme auftragen und mit den Teigkrümeln bestreuen.

Pro Stange: 526 kcal | 69 g KH
11 g EW | 22 g Fett

APFEL-NUSS-Stangen

12 STÜCK

für den Teig

100 g	Äpfel, geschält, entkernt
250 g	Milch, 1,5%
60 g	Zucker
90 g	Butter
½ Würfel frische Hefe	
650 g	Dinkelmehl
1	Ei
1 Prise	Salz

für die Füllung

250 g	Äpfel, geschält, entkernt
140 g	Zucker
150 g	Haselnüsse, gem.
1 TL	Zimt
90 g	sehr weiche Butter

für den Guss

100 g	Puderzucker
etwas	Milch, 1,5%

Puderzucker mit etwas Milch verrühren und auf den abgekühlten Stangen verteilen.

Zubereitung

Äpfel für den Teig in den Mixtopf geben und **5 Sek./Stufe 8** zerkleinern. Umfüllen. Mixtopf spülen.

♡

Milch, Zucker, Butter und Hefe in den Mixtopf geben und **3 Min./37°C/Stufe 2** erwärmen. 10 Min. ruhen lassen. Restliche Teigzutaten hinzufügen, **5 Min./Teigstufe** kneten. Während der letzten Minute die zerkleinerten Äpfel durch die Deckelöffnung zugeben. Teig in eine Schüssel umfüllen. Abgedeckt ca. 1 Std. gehen lassen. Mixtopf spülen.

♡

Backofen auf 190°C Ober-/Unterhitze (170°C Umluft) vorheizen. Für die Füllung Äpfel in den Mixtopf geben und **10 Sek./Stufe 8** zerkleinern. Restliche Zutaten zugeben und **2 Min./50°C/Stufe 2** verrühren.

♡

Teig auf einer bemehlten Arbeitsfläche zu einem Quadrat (ca. 50 x 50 cm) ausrollen. Füllung auf dem Teig verstreichen, das linke Drittel zur Mitte hin einschlagen und das rechte Drittel über das linke einschlagen. So erhalten Sie eine dreifache Teigplatte.

♡

Teigplatte in ca. 3-4 cm breite Streifen schneiden. Vorsichtig in sich zu einer Kordel verdrehen und auf ein mit Backpapier belegtes Backblech legen. Stangen ca. 25 Min. goldbraun backen.

Nuss-Nougat-Knoten

Pro Stück: 510 kcal | 48 g KH
12 g EW | 29 g Fett

für den Teig

160 g Milch, 1,5%
1 Würfel frische Hefe
50 g Zucker
120 g Butter
1-2 Prisen Salz
500 g Mehl
2 Eier

für die Füllung

100 g brauner Zucker
1 TL Vanillezucker
200 g Haselnüsse, gem.
200 g Mandeln, gem.
50 g Nuss-Nougat-Creme
50 g Sahne
1 Prise Zimt

für den Guss

80 g Puderzucker
etwas Milch, 1,5%
2-3 Tropfen Bittermandelaroma
1 Handvoll Haselnüsse, gehackt oder Mandeln

Zubereitung

Milch, Hefe, Zucker und Butter in den Mixtopf geben und **3 Min./37°C/Stufe 2** erwärmen. 10 Min. ruhen lassen. Restliche Teigzutaten zugeben, mit dem Spatel einmal durchrühren und **4 Min./Teigstufe** kneten.

♡

Teig in eine Schüssel umfüllen. Abgedeckt ca. 45 Min. gehen lassen, bis sich das Volumen deutlich vergrößert hat. Mixtopf spülen. In der Zwischenzeit die Füllung zubereiten. Alle Zutaten für die Füllung im Mixtopf **25 Sek./Stufe 4** verrühren. Backofen auf 180°C Umluft vorheizen und zwei Backbleche mit Backpapier auslegen.

♡

Teig auf einer bemehlten Arbeitsfläche zu einem Quadrat (ca. 50 x 50 cm) ausrollen. Die Füllung auf einer Hälfte des Quadrats verteilen. Die andere Hälfte darüberlegen, leicht andrücken.

♡

Teigplatte, von der langen Seite her, in 14 gleich breite Streifen schneiden. Jeden Streifen zu einer Kordel verdrehen und rund verknoten. Auf dem Backblech noch einmal 10 Min. abgedeckt ruhen lassen, dann im Backofen ca. 18 Min. goldbraun backen. Die Nuss-Nougat-Knoten komplett auskühlen lassen.

♡

Für den Guss Puderzucker mit Milch und Aroma in einer kleinen Schüssel glatt rühren und die Knoten damit bestreichen. Mit gehackten Nüssen bestreuen.

14 STÜCK

Beeren-Kränze

6 Stück

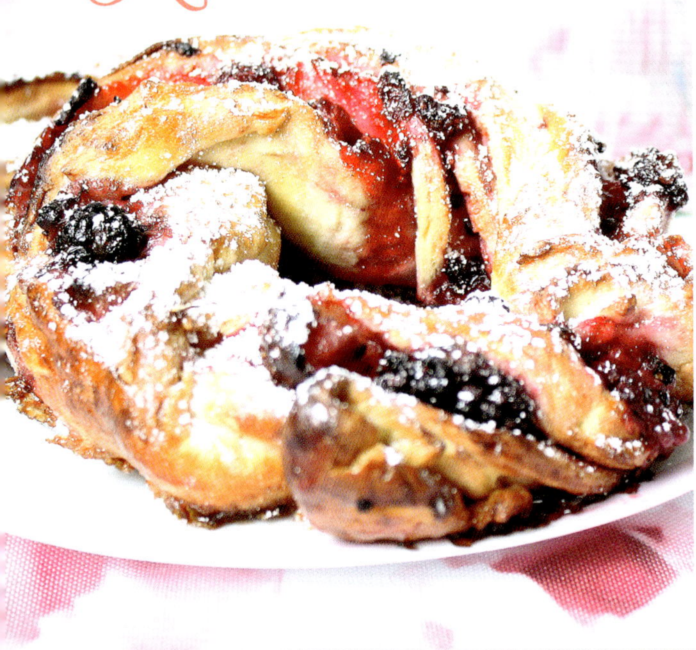

für den Teig

200 g	Milch, 1,5%
40 g + 1 TL Zucker	
½ Würfel frische Hefe	
500 g	Mehl
1	Ei
1 TL	Salz
100 g	weiche Butter

für die Füllung

70 g	Butter
100 g	Zucker
1 Prise	Salz
1 TL	Zimt
ca. 100 g	Erdbeeren, klein geschnitten
ca. 60 g	Himbeeren
ca. 60 g	Blaubeeren
1	Ei, verquirlt
etwas	Puderzucker oder Zuckerguss

Zubereitung

Milch mit 1 TL Zucker und Hefe in den Mixtopf geben und **3 Min./37°C/ Stufe 2** erwärmen. Mehl, Ei, Salz, restlichen Zucker und Butter zufügen und **4 Min./Teigstufe** kneten.

♡

Teig in eine Schüssel geben. Abgedeckt ca. 1 Std. gehen lassen, bis sich das Volumen deutlich vergrößert hat. Mixtopf spülen.

♡

In der Zwischenzeit Füllung zubereiten und Backofen auf 180°C Umluft vorheizen. Butter im Mixtopf **4 Min./45°C/Stufe 1** schmelzen. Zucker, Salz und Zimt zufügen, **15 Sek./Stufe 3** verrühren. Umfüllen.

♡

Teig auf eine bemehlte Arbeitsfläche geben und in 6 Stücke aufteilen.

Jedes Teigstück zu einem Rechteck (ca. 15 x 30 cm) ausrollen, die Zuckermischung darauf verstreichen und das Obst darauf verteilen. Von der längeren Seite her aufrollen und den Strang mit einem scharfen Messer längs halbieren, aber am Ende nicht ganz durchtrennen.

♡

Die Stränge umeinander wickeln, sodass die Seite mit der Füllung oben liegt, und zu einem Kranz legen. Auf zwei mit Backpapier ausgelegte Backbleche setzen, mit dem verquirlten Ei bepinseln.

♡

Im Backofen ca. 20 Min. goldbraun backen. Auf einem Kuchengitter auskühlen lassen und mit Puderzucker bestäuben oder einem Zuckerguss bepinseln.

Pro Stück: 235 kcal | 22 g KH
4 g EW | 15 g Fett

Knusper-Kringel

16 STÜCK

1 Rolle	Blätterteig, aus dem Kühlregal (275 g)

für den Teig

130 g	Mehl
1 Msp.	Backpulver
30 g	Kakao, ungesüßt
80 g	weiche Butter
1	Eiweiß
80 g	Zucker
1	Vanilleschote, Mark davon

außerdem

1	Eigelb
1 EL	Milch, 1,5%
50 g	Mandeln, gehobelt
etwas	Puderzucker

Zubereitung

Alle Teigzutaten im Mixtopf **25 Sek./Stufe 4** kneten. Teig in Frischhaltefolie wickeln und im Kühlschrank 30 Min. ruhen lassen.

Zwei Backbleche mit Backpapier auslegen. Backofen auf 220°C Ober-/Unterhitze vorheizen. Blätterteig ausrollen und auf eine leicht bemehlte Arbeitsfläche legen.

Teig aus dem Kühlschrank nehmen und auch auf einer leicht bemehlten Arbeitsfläche zu einem Rechteck (ca. 15 x 25 cm) ausrollen. Auf eine Hälfte des Blätterteigs legen. Die andere Hälfte des Blätterteigs darüber klappen, andrücken und noch einmal zu einem Rechteck (ca. 25 x 30 cm) ausrollen. Teigplatte in 16 schmale Streifen (ca. 2 x 25 cm) schneiden.

Jeden Streifen gegeneinander drehen, sodass eine Kordel entsteht. Dann jede Kordel zu einem Kringel formen und auf das Backblech legen.

Eigelb mit Milch verquirlen, die Kringel damit bestreichen und mit den Mandeln bestreuen. Im vorgeheizten Backofen, mittlere Einschubleiste, ca. 15 Min. goldbraun backen. Auf einem Kuchengitter auskühlen lassen und mit Puderzucker bestäuben.

♡ OFEN-Berliner

10 STÜCK

Pro Stück:
334 kcal | 41 g KH
8 g EW | 15 g Fett

für den Teig

300 g	Mehl
½ Würfel frische Hefe	
125 g	Milch, 1,5%
50 g	Zucker
1	Ei
1 Prise	Salz
1 TL	Vanillezucker
50 g	weiche Butter
	+ 1 TL Butter

für die Creme

4	Eigelb
40 g	Puderzucker
30 g	Vanillezucker
45 g	Mehl
320 g	Milch, 1,5%
30 g	weiche Butter

50 g	geschmolzene Butter
Puderzucker	zum Bestäuben

Zubereitung

Milch, Hefe und Zucker in den Mixtopf geben und **3 Min./37°C/Stufe 2** erwärmen. Restliche Teigzutaten (außer Butter) zugeben, **3 Min./Teigstufe** kneten. Butter zugeben und **8 Min./Teigstufe** kneten.

Eine Schüssel mit 1TL Butter einreiben, Teig hineingeben und abgedeckt 1 Std. ruhen lassen. Dann aus dem Teig mit bemehlten Händen 10 gleich große Kugeln formen und auf einem mit Backpapier ausgelegten Backblech abgedeckt noch einmal 30-45 Min. ruhen lassen.

In der Zwischenzeit die Creme zubereiten und den Backofen auf 200°C Ober-/Unterhitze vorheizen. Mixtopf spülen. **Rühraufsatz einsetzen.** Alle Creme-Zutaten (außer Butter) im Mixtopf **7 Min./90°C/Stufe 4** aufschlagen. Dann **5 Sek./Stufe 8** mixen. Butter zugeben und **10 Sek./Stufe 3** unterrühren. Umfüllen, mit Klarsichtfolie abdecken und auskühlen lassen.

Teigbällchen nun 15-20 Min. goldgelb backen. Auf einem Kuchengitter auskühlen lassen. Creme in einen Spritzbeutel mit Spritztülle geben und in die Berliner spritzen. Danach 50 g Butter schmelzen, die Berliner damit bestreichen und mit Puderzucker bestäuben.

Zucker-Brezeln

Pro Brezel:
360 kcal | 59 g KH
9 g EW | 13 g Fett

5 STÜCK

für den Teig

125 g Milch, 1,5%
¼ Würfel frische Hefe
25 g Zucker
1 Ei (Gr. S)
250 g Weizenmehl, Type 550
40 g weiche Butter
¼ TL Salz

zum Bestreichen

30 g geschmolzene Butter
30 g feiner Zucker

TIPP

1 TL Zimt unter den Zucker mischen und Zimtzuckerbrezel erhalten.

Zubereitung

Milch, Zucker und Hefe in den Mixtopf geben und **3 Min./37°C/Stufe 2** erwärmen. Ei zugeben und **10 Sek./Stufe 4** mixen.

♡

Mehl, Butter und Salz zufügen und **5 Min./Teigstufe** kneten. Den Teig in eine Schüssel geben und 90 Min. gehen lassen. Ein Backblech mit Backpapier auslegen.

♡

Den Teig auf eine bemehlte Arbeitsfläche geben und in 5 gleich große Portionen teilen. Jeden Teigling zu einem Strang von ca. 35 cm Länge rollen und auf dem Backblech zu Brezeln legen. Abgedeckt noch einmal 45 Min. ruhen lassen.

♡

Den Backofen auf 180°C Ober-/Unterhitze vorheizen und die Brezeln ca. 20 Min. backen.

♡

Währenddessen die Butter schmelzen. Nach dem Backen die Brezeln sofort damit bestreichen und mit Zucker bestreuen.

Pro Donut: 306 kcal | 40 g KH | 4 g EW | 14 g Fett

Donuts aus dem Backofen

für die Verzierung

z.B. gehackte Nüsse, Kokosflocken, Zuckerperlen

Zubehör

Donut-Backform

für den Teig

60 g	Butter
1	Ei (Gr. L)
80 g	Milch, 1,5%
½	Vanilleschote, Mark davon
130 g	Mehl
65 g	brauner Zucker
1 TL	Backpulver
1 TL	Backnatron

für den Zuckerguss

100 g	Puderzucker
15 g	Zitronensaft

für den Schokoguss

100 g	Zartbitterschokolade
75 g	Sahne

Zubereitung

Den Backofen auf 170°C Umluft vorheizen und die Donut-Backform fetten.

Butter in den Mixtopf geben und **4 Min./50°C/Stufe 1** schmelzen. Ei, Milch und Vanille zugeben und **45 Sek./Stufe 3,5** mixen. Mehl, Zucker, Backpulver und Natron zugeben und **1,5 Min./Stufe 3** mischen.

Den Teig in einen Spritzbeutel füllen und in die Donut-Backform spritzen. Darauf achten, dass jede Mulde nur zu ⅔ gefüllt wird, da die Donuts stark aufgehen. Im Backofen ca. 8-10 Min. goldbraun backen.

Die Donuts 5 Min. in der Form abkühlen lassen, dann auf einem Kuchengitter komplett auskühlen lassen. Mixtopf spülen.

Für den Zuckerguss Puderzucker mit Zitronensaft in den Mixtopf geben und **10 Sek./Stufe 5** mixen. Auf die Donuts auftragen. Mixtopf spülen.

Für den Schokoguss die Schokolade in Stücken in den Mixtopf geben, **7 Sek./Stufe 8** zerkleinern. Sahne zugeben, **2 Min./50°C/Stufe 2** verrühren und die Donuts damit glasieren. Donuts nach Belieben verzieren.

Pro Donut: 228 kcal | 41 g KH
5 g EW | 4 g Fett

HIMBEER-Donuts

12 DONUTS

für den Teig

140 g Milch, 1,5%
½ Würfel frische Hefe
60 g Zucker
1 TL Vanillezucker
370 g Mehl
½ TL Salz
1 Ei
40 g weiche Butter

für die Glasur

250 g Himbeeren
120 g Puderzucker
10 g Zitronensaft

zum Bestreuen

etwas weiße Schokoraspeln

1 Ausstechring, ca. 8 cm
1 Ausstechring, ca. 2 cm
etwas Fett zum Ausbacken

Zubereitung

Milch, Hefe, Zucker und Vanillezucker in den Mixtopf geben und **3 Min./37°C/Stufe 2** erwärmen. Restliche Teigzutaten zufügen und **2,5 Min./Teigstufe** kneten. Den Teig in eine leicht geölte Schüssel geben. Abgedeckt mind. 1 Std. gehen lassen, bis sich das Volumen verdoppelt hat.

♡

Den Teig auf einer bemehlten Arbeitsfläche ca. 1,5 cm dick ausrollen und 12 Kreise ausstechen. In der Mitte der Teigkreise einen kleineren Kreis ausstechen (z.B. mit der Rückseite einer Spritztülle). Donut-Teiglinge auf ein mit Backpapier belegtes Backblech geben. Abgedeckt 1 Std. ruhen lassen. Mixtopf spülen.

Himbeeren im Mixtopf **5 Sek./Stufe 4** zerkleinern, durch ein Sieb streichen und wieder in den Mixtopf geben. Puderzucker und Zitronensaft zugeben, **5 Sek./Stufe 3** mischen, dann **3 Min./100°C/Stufe 1** aufkochen lassen. In eine kleine Schüssel umfüllen.

♡

Fett in einem flachen, breiten Topf (oder hohen Pfanne) erhitzen. Sobald es heiß genug ist, die Donuts goldgelb ausbacken. Die optimale Temperatur ist erreicht, wenn an einem Holzstab Blasen aufsteigen. Die Temperatur dann reduzieren, damit die Donuts nicht zu dunkel werden. Auf Küchenpapier abtropfen lassen, in die Glasur tunken und mit Schokoraspeln bestreuen.

Pro Stück:
230 kcal | 37 g KH
3 g EW | 7 g Fett

♡ ORANGE-Rolls

12 STÜCK

für den Teig

30 g	Wasser
½ P.	Trockenhefe oder ¼ Würfel frische Hefe
½ TL	Zucker
120 g	Milch, 1,5%
50 g	neutrales Öl
50 g	Zucker
½ TL	Salz
260 g	Weizenmehl, Type 550

für die Füllung

40 g	Butter
90 g	Zucker
1	Bio-Orange, Schalenabrieb davon

für den Guss

40 g	Saft einer Orange
100 g	Zucker

Zubereitung

Wasser, Hefe und den ½ TL Zucker in den Mixtopf geben und **3 Min./37°C/Stufe 2** erwärmen. 10 Min. gehen lassen. Nun die restlichen Zutaten zugeben, **4 Min./Teigstufe** kneten. Den etwas klebrigen Teig in eine Schüssel geben. Abgedeckt ca. 1,5-2 Std. gehen lassen, bis sich das Volumen verdoppelt hat. Teig auf eine gut bemehlte Arbeitsfläche geben, zu einer Kugel formen und rund ausrollen (Ø ca. 30 cm). Mixtopf spülen.

Für die Füllung Butter schmelzen, Zucker und Orangenschale unterrühren. Teig mit der geschmolzenen Orangenbutter bestreichen und mit einem Pizzaschneider in 12 Stücke teilen wie bei einer Torte.

Von der breiten Seite her jedes Teigstück aufrollen und locker in eine mit Backpapier ausgelegte Auflaufform (ca. 25 x 30 cm) legen. Hörnchen gehen noch gut auf. Abgedeckt ca. 1 Std. gehen lassen, bis sie sich deutlich vergrößert haben. Backofen auf 190°C Ober-/Unterhitze vorheizen.

Röllchen nach der Gehzeit im Ofen ca. 20 Min. goldbraun backen. In dieser Zeit den Guss vorbereiten. Zucker im Mixtopf **30 Sek./Stufe 10** pulverisieren. Saft zugeben, **10 Sek./Stufe 6** mixen. Lauwarme Röllchen bestreichen.

Pro Hörnchen: 62 kcal
6 g KH | 1 g EW | 4 g Fett

Kokos-Limetten-Hörnchen

Zutaten

320 g	Mehl
200 g	Butter
200 g	Doppelrahmfrischkäse
60 g	Zucker
60 g	brauner Zucker
60 g	Kokosflocken
½	Bio-Limette, Schalenabrieb davon

Zubereitung

Mehl, Butter und Frischkäse in den Mixtopf geben und **2 Min./Teigstufe** kneten. Zu einer Kugel formen, in Frischhaltefolie wickeln und mind. 2 Std. (besser über Nacht) in den Kühlschrank stellen.

♡

Beide Zuckersorten, Kokosflocken und Limettenschale in einer Schüssel mischen. Backofen auf 175°C Ober-/Unterhitze vorheizen.

♡

Teig aus dem Kühlschrank nehmen, in vier Portionen teilen und zu Kugeln formen. Etwas von der Zucker-Kokos-Mischung auf die Arbeitsplatte streuen und jede Teigkugel darauf zu einem Kreis (Ø ca. 26 cm) ausrollen. Zwischendurch wenden.

♡

Anschließend in 16 kleine Tortenstücke schneiden. Das klappt am besten mit einem Pizzaschneider. Tortenstücke von der breiten Seite her zu Hörnchen aufrollen.

♡

Mit der Spitze nach unten die Hörnchen auf zwei mit Backpapier ausgelegte Backbleche legen und ca. 15 Min. goldgelb backen.

Pro Hörnchen: 276 kcal
24 g KH | 7 g EW | 17 g Fett

MARZIPAN-Hörnchen

12 STÜCK

für den Teig

100 g	Milch, 1,5%
½ Würfel frische Hefe	
20 g	Zucker
300 g	Weizenmehl, Type 550
1	Ei
1 Prise	Salz
100 g	Öl, neutral

für die Füllung

100 g	Marzipan-Rohmasse
40 g	Butter, weich
2 EL	Mandelblättchen
1	Ei, verquirlt

Zubereitung

Milch, Hefe und Zucker in den Mixtopf geben und **3 Min./37°C/Stufe 2** erwärmen. Restliche Zutaten für den Teig zugeben und **3 Min./Teigstufe** kneten.

♡

Teig in eine Schüssel umfüllen und ca. 45 Min. gehen lassen, bis sich sein Volumen sichtbar vergrößert hat.

♡

Für die Füllung Marzipan und Butter in den Mixtopf geben und **8 Sek./Stufe 4** vermischen.

♡

Teig auf eine bemehlte Arbeitsfläche geben und zu einem Kreis (Ø ca. 30 cm) ausrollen. In 12 Tortenstücke schneiden, am besten mit einem Pizzaschneider.

♡

Marzipanfüllung auf den 12 Stücken verteilen. Von der breiten Seite her aufrollen und zu Hörnchen formen. Auf ein mit Backpapier ausgelegtes Backblech geben und zugedeckt noch einmal 30 Min. ruhen lassen.

♡

Den Backofen auf 200°C Ober-/Unterhitze vorheizen. Nach der Ruhezeit die Hörnchen mit dem verquirlten Ei bestreichen und mit Mandelblättchen bestreuen. Im Backofen ca. 10 Min. goldbraun backen.

Pro Hörnchen: 328 kcal
50 g KH | 8 g EW | 10 g Fett

für die Füllung

320 g	Milch, 1,5%
55 g	Zucker
1 Pk.	Vanillepuddingpulver
1 TL	Vanillezucker
1	Vanilleschote, Mark davon

für den Teig

250 g	Buttermilch
¼ Würfel	frische Hefe
50 g	Zucker
1 EL	Vanillezucker
450 g	Weizenmehl, Type 550
1 TL	Backnatron
½ TL	Zitronenschalenabrieb
1 Prise	Salz
70 g	neutrales Öl

♡ BUTTERMILCH-VANILLE *Hörnchen*

Zubereitung

Für die Füllung alle Zutaten in den Mixtopf geben, **5 Sek./Stufe 4** verrühren, dann **7 Min./90°C/Stufe 2** aufkochen. In eine Schüssel umfüllen, mit Frischhaltefolie abdecken und auskühlen lassen. Mixtopf spülen.

Für den Teig Buttermilch, Hefe und Zucker in den Mixtopf geben und **3 Min./37°C/Stufe 2** erwärmen. Die restlichen Teigzutaten zugeben und **7 Min./Teigstufe** kneten.

♡

Teig in einer leicht geölten Schüssel abgedeckt 1 Std. gehen lassen. Dann auf eine bemehlte Arbeitsfläche geben und in 10 gleich große Stücke aufteilen. Backofen auf 200°C Ober-/Unterhitze vorheizen

Jede Teigportion zu einem Fladen (ca. 12 x 20 cm) ausrollen. 1-2 TL der abgekühlten Vanillefüllung an den äußeren Rand setzen. Den Rest des Teigstücks mehrfach einschneiden und dann das Hörnchen aufrollen.

Ein Ei mit etwas Sahne verquirlen, die Hörnchen damit bestreichen und mit Mandelblättchen bestreuen. Auf zwei mit Backpapier ausgelegte Backbleche legen und abgedeckt noch einmal 20 Min. ruhen lassen.

Hörnchen 15-20 Min. goldbraun backen und mit Puderzucker bestäuben.

Außerdem

1 Ei mit etwas Sahne verquirlt zum Bestreichen, ein paar Mandelblättchen und etwas Puderzucker

Pro Stück: 413 kcal | 47 g KH
8 g EW | 21 g Fett

8 STÜCK

ERDBEER-Scones

für den Teig

150 g	Erdbeeren
370 g	Mehl
2 TL	Backpulver
1 Prise	Salz
90 g	kalte Butter, in Stücken
80 g	Zucker
1	Ei
170 g	Sahne

für die Verzierung

1 Handvoll Pistazien, gehackt
8 Erdbeerscheiben

Entweder mit Puderzucker bestäuben oder einen Guss aus pürierten Erdbeeren und Puderzucker darüber geben.

Zubereitung

Erdbeeren klein würfeln. Ein Backblech mit Backpapier auslegen.

Alle anderen Teigzutaten in den Mixtopf geben und **20 Sek./Stufe 6** mischen. Die Erdbeeren mit dem Spatel vorsichtig unterheben.

Teig auf eine bemehlte Arbeitsfläche geben und einen Kreis mit einer Höhe von ca. 2 cm formen. Teig wie einen Kuchen mit einem Messer oder Pizzaschneider in 8 gleich große Tortenstücke teilen und versetzt auf das vorbereitete Backblech geben. Das Blech für 20 Min. in den Kühlschrank stellen.

Den Backofen auf 190°C Ober-/Unterhitze vorheizen. Nach der Kühlzeit je eine Erdbeerscheibe in die Scones drücken und mit gehackten Pistazien bestreuen.

Im Backofen ca. 20-25 Min. goldbraun backen und auf einem Kuchengitter auskühlen lassen.

Pro Stück: 420 kcal | 28 g KH
8 g EW | 31 g Fett

Windbeutel MIT ERDBEERSAHNE

für den Teig

100 g	Milch, 1,5%
150 g	Wasser
80 g	Butter
1 TL	Zucker
1 Prise	Salz
170 g	Mehl
½ P.	Backpulver
4	Eier

für die Füllung

500 g	Sahne
200 g	Erdbeeren
2 P.	Sahnesteif
30 g	Zucker
1 TL	Vanillezucker

8 STÜCK

Zubereitung

Backofen auf 200 °C Ober-/Unterhitze vorheizen. Ein Backblech mit Backpapier auslegen.

♡

Milch, Wasser, Butter, Zucker und Salz in den Mixtopf geben und **3,5 Min./100°C/Stufe 1** aufkochen. Nun Mehl und Backpulver zugeben und **1 Min. 45 Sek./Stufe 4** verrühren. Mixtopfdeckel abnehmen und den Mixtopf auf **50°C** abkühlen lassen.

♡

Nach dem Abkühlen **2,5 Min./Stufe 5** einstellen und in dieser Zeit die Eier nach und nach durch die Deckelöffnung zufügen. Nachdem alle Eier zugegeben wurden, noch einmal **1,5 Min./Stufe 5** rühren.

Teig in einen Spritzbeutel mit Sterntülle füllen und ca. 7 cm breite und ca. 2 cm hohe Kringel auf das Backblech spritzen. Die Windbeutel ca. 25-30 Min. goldbraun backen. Während des Backvorgangs die Ofentür nicht öffnen! Mixtopf spülen.

♡

Die Windbeutel auf dem Blech abkühlen lassen und waagerecht durchschneiden. Für die Füllung **Rühraufsatz einsetzen**, Sahne und Sahnesteif in den Mixtopf geben und bei **Stufe 3,5** steif schlagen. Umfüllen.

♡

Erdbeeren mit Zucker und Vanillezucker in den Mixtopf geben, **10 Sek./Stufe 4** pürieren und unter die Sahne ziehen. Die Erdbeersahne in einen Spritzbeutel geben und auf die Windbeutelböden spritzen. Deckel aufsetzen. Mit Puderzucker bestäubt servieren.

♡ Kirsch-Marzipan-Schnitten

5 SCHNITTEN

für den Teig

250 g	Mehl
60 g	Zucker
20 g	Vanillezucker
180 g	Butter
1 Prise	Salz

für den Belag

100 g	Marzipan-Rohmasse
1 Glas	Kaiserkirschen (Abtr.gew. 390 g)
10 g	Zucker
2 EL	Vanillepuddingpulve (ca. 30 g)
3 EL	Puderzucker
etwas	Zitronensaft, frisch

★ TIPP
Wenn man das Ganze noch mal quer halbiert, erhält man 10 kleinere Schnitten.

Pro Schnitte: 714 kcal | 88 g KH | 8 g EW | 36 g Fe

Zubereitung

Backofen auf 150°C Umluft vorheizen. Eine quadratische Backform (ca. 25 x 25 cm) fetten und mit Mehl bestäuben oder mit Backpapier auslegen.

♡

Alle Teigzutaten in den Mixtopf geben und **15 Sek./Stufe 5** zu einem streuseligen Teig verarbeiten. ¾ des Teiges in die Backform geben und festdrücken. Mixtopf spülen.

♡

Marzipan in kleine Stücke schneiden und auf dem Teig verteilen. Kirschen in den Gareinsatz im Mixtopf geben, abtropfen lassen und dann beiseitestellen.

♡

Zum Kirschsaft den Zucker und das Vanillepuddingpulver geben, **5 Sek./Stufe 3** mixen. Dann **6 Min./100°C/Stufe 3** aufkochen. Kirschen zugeben und **2 Min./80°C/ ⟲ /Sanftrührstufe** unterrühren. Kirschen auf den Boden in der Backform geben, dabei 0,5 cm Rand frei lassen.

♡

Restlichen Teig als Streusel darüber geben und im Ofen 40-45 Min. backen. In der Form auskühlen lassen.

♡

Puderzucker in einer kleinen Schüssel mit so viel Zitronensaft anrühren, dass eine zähflüssige Masse entsteht. Mit einem Löffel über die Streusel träufeln, fest werden lassen und den Kuchen in 5 gleich große Schnitten schneiden.

Pro Stück: 242 kcal | 31 g KH
3 g EW | 11 g Fett

Streusel-Ecken

für den Teig

300 g	Mehl
100 g	Zucker
1 Prise	Salz
1	Eigelb
1 EL	Vanillezucker
150 g	kalte Butter, in Stücken

für den Belag

2 EL	Milch, 1,5%
100 g	Aprikosenmarmelade
etwas	Puderzucker zum Bestäuben

Zubereitung

Eine Auflaufform (ca. 20 x 25 cm) leicht fetten und mit Backpapier auslegen. Backofen auf 200°C Ober-/Unterhitze vorheizen.

Alle Teigzutaten in den Mixtopf geben und **20 Sek./Stufe 5** zu einem streuseligen Teig verarbeiten. ⅔ des Teiges in die Form geben und festdrücken.

Den Teigboden mit Milch bestreichen und die Marmelade darauf verstreichen. Restliche Teigstreusel darüber geben und im vorgeheizten Backofen ca. 25 Min. goldbraun backen.

Die Teigplatte mit dem Backpapier vorsichtig herausheben und noch warm in 6 Quadrate schneiden. Dann die Quadrate noch einmal schräg zu Dreiecken halbieren. Mit Puderzucker bestäuben.

12 STÜCK

Pro Stück: 186 kcal | 18 g KH
3 g EW | 11 g Fett

2	große Äpfel
1 TL	brauner Zucker
½ TL	Zimt

für den Teig

200 g	Magerquark
100 g	neutrales Öl
100 g	brauner Zucker
300 g	Mehl
1 TL	Vanillezucker
1	Vanilleschote, Mark davon
2 TL	Backpulver
½ TL	Backnatron

Puderzucker zum Bestäuben

Zubereitung

Backofen auf 180°C Umluft vorheizen.
Äpfel schälen, entkernen, in grobe Stücke schneiden (ca. 2 x 2 cm) und mit dem braunen Zucker und Zimt mischen.

♡

Alle Zutaten für den Teig in den Mixtopf geben und **30 Sek./Stufe 4** verrühren. Äpfel zugeben und **10 Sek./ ⟲ / Stufe 2** unterheben.

♡

Mit einem Esslöffel Häufchen auf ein mit Backpapier belegtes Backblech setzen und 20-25 Min. goldbraun backen.

♡

Mit Puderzucker bestäuben oder in einer Zimt-Zucker-Mischung wälzen.

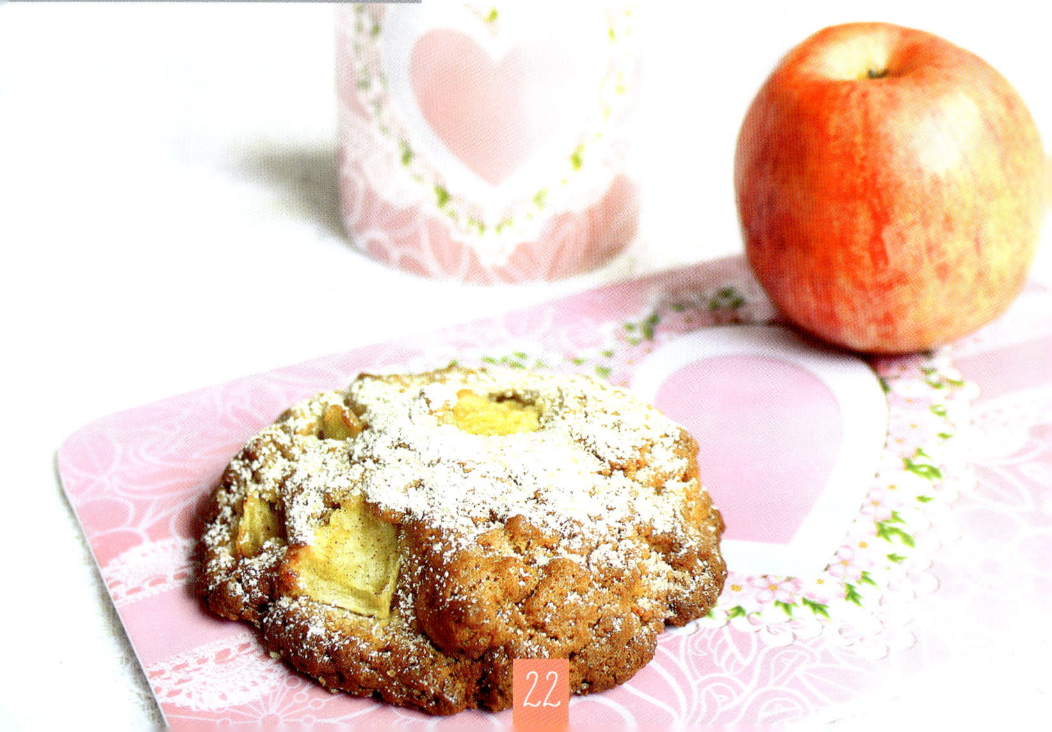

Pro Stück: 238 kcal | 29 g KH
4 g EW | 12 g Fett

Apfel-Bomben

9 STÜCK

für den Teig

2	Eier
1 TL	Vanilleextrakt
70 g	Sahne
70 g	Saure Sahne oder Schmand
70 g	Zucker
1 Prise	Salz
160 g	Mehl
2 TL	Backpulver
20 g	Butter, weich
1	kl. Apfel, entkernt, geschält, in kleine Stücke geschnitten
50 g	Zucker
1 TL	Zimt
50 g	geschmolzene Butter

Zubereitung

Backofen auf 180°C Ober-/Unterhitze vorheizen und eine Muffinform fetten.

♡

Eier und Vanilleextrakt in den Mixtopf geben und **20 Sek./Stufe 4** rühren. Sahne und saure Sahne zufügen und noch mal **20 Sek./Stufe 4** vermengen.

♡

Zucker, Salz, Mehl, Backpulver und Butter zufügen und **1 Min./Stufe 4** vermengen.

♡

Die Hälfte des Teiges auf 9 Mulden verteilen und je 2-3 Apfelstücke in die Mitte geben. Den restlichen Teig darauf verteilen. Im vorgeheizten Backofen ca. 20 Min. backen.

♡

Zucker mit dem Zimt in einer kleinen Schüssel verrühren. Die gebackenen Apfelbomben gleich aus dem Backofen mit geschmolzener Butter bepinseln und mit der Zucker-Zimt-Mischung bestreuen.

♡

Auf einem Kuchengitter auskühlen lassen, noch einmal mit der Zucker-Zimt-Mischung bestreuen.

PUDDING-Schleifen

Pro Stück: 296 kcal | 51 g KH
10 g EW | 5 g Fett

8 STÜCK

für den Teig

250 g	Mehl
1 P.	Trockenhefe oder ½ Würfel frische Hefe
50 g	Zucker
1 TL	Vanillezucker
1 Prise	Salz
1	Ei
200 g	Magerquark

für die Puddingcreme

200 g	Milch, 1,5%
50 g	Sahne
25 g	Speisestärke
2	Eigelb
1 TL	Vanillezucker
70 g	Puderzucker
etwas	Milch zum Bestreichen
3 EL	Puderzucker
etwas	Zitronensaft

Zubereitung

Alle Teigzutaten in den Mixtopf geben, **4 Min./Teigstufe** kneten. Teig in eine Schüssel geben. Abgedeckt mind. 1 Std. gehen lassen.

♡

Zwei Backbleche mit Backpapier auslegen und den Ofen auf 200°C Ober-/Unterhitze vorheizen. In der Zwischenzeit die Puddingcreme zubereiten.

♡

Dazu **Rühraufsatz einsetzen**, alle Zutaten in den Mixtopf geben und **7 Min./90°C/Stufe 4** aufschlagen.**Rühraufsatz entfernen,** noch einmal **5 Sek./Stufe 9** mixen. In eine Schüssel umfüllen und mit Frischhaltefolie abdecken.

♡

Teig auf einer bemehlten Arbeitsfläche zu einem Rechteck (ca. 40 x 30 cm) ausrollen. Der Länge nach in etwa 4 cm breite Streifen schneiden. Jeden Teigstreifen in sich selbst zu einer Kordel drehen, auf dem Backblech zu einem Kringel legen und einmal in sich drehen, damit eine 8 entsteht.

♡

Puddingcreme mit einem Spritzbeutel (oder Löffel) in die freien Flächen einfüllen. Ränder mit Milch bestreichen und im vorgeheizten Ofen ca. 20 Min. goldbraun backen. Abkühlen lassen.

♡

Mit Puderzucker bestäuben oder aus Puderzucker und Zitronensaft einen zähflüssigen Guss anrühren und damit bestreichen.

Pro Stück: 412 kcal | 64 g KH
11 g EW | 12 g Fett

Hefetaler

für den Teig

230 g Milch, 1,5%
1 Würfel frische Hefe
1 TL Vanillezucker
520 g Mehl
1 Prise Salz
½ TL Vanille, gem.
75 g Zucker
1 Ei
80 g weiche Butter

für Streusel & Topping

90 g Mehl
50 g Zucker
50 g Butter
1 TL Vanillezucker
1 Prise Zimt

für die Füllung

250 g Magerquark
50 g Zucker
1 Eigelb
1 TL Vanillezucker

150 g Marmelade, nach Belieben
1 Eigelb, mit 1 TL Milch verquirlt

Zubereitung

Milch, Hefe und Vanillezucker in den Mixtopf geben und **3 Min./37°C/Stufe 2** erwärmen. Restliche Teigzutaten zugeben und **7 Min./Teigstufe** kneten.

♡

Teig in eine Schüssel umfüllen und abgedeckt ca. 45 Min. gehen lassen, bis sich das Volumen deutlich vergrößert hat.

♡

In der Zwischenzeit die Streusel zubereiten. Dazu Mehl, Zucker, Butter, Vanillezucker und Zimt in den Mixtopf geben und **25 Sek./Stufe 5** zu feinen Streuseln verarbeiten. Umfüllen und kalt stellen. Mixtopf spülen.

♡

Für die Füllung alle Zutaten in den Mixtopf geben und **30 Sek./Stufe 3** verrühren, kühl stellen. Backofen auf 180°C Ober-/Unterhitze vorheizen, zwei Backbleche mit Backpapier auslegen.

Teig nach der Gehzeit in 12 gleich große Portionen aufteilen, ca. 12 cm rund ausrollen. Die Quarkmasse darauf verteilen und je einen Klecks Marmelade darauf setzen. Die Streusel auf den Talern verteilen.

Die Ränder der Taler mit dem verquirlten Eigelb bestreichen und im Ofen ca. 20 Min. goldbraun backen.

Pro Taler: 575 kcal | 79 g KH
12 g EW | 22 g Fett

Rhabarber-Streuseltaler

10-12 Stück

2-3 Stangen Rhabarber (ca. 250 g)
50 g Zucker
½ Zitrone, Saft davon

für den Teig

160 g Milch, 1,5%
1 P. Trockenhefe oder ½ Würfel frische Hefe
80 g Zucker
380 g Mehl
½ P. Backpulver
1 Ei
80 g weiche Butter

für die Pistaziencreme

200 g Milch, 1,5%
20 g Vanillepuddingpulver
50 g Zucker
50 g Pistazien, gehackt

für die Streusel

50 g Mehl
50 g Haferflocken
70 g Butter
70 g brauner Zucker

1 Eigelb mit Milch verquirlt

Zubereitung

Rhabarber putzen, in 1-2 cm große Stücke schneiden, Zucker und Zitronensaft zugeben und abgedeckt 30-45 Min. ziehen lassen.

♡

Für den Teig Milch, Hefe und Zucker in den Mixtopf geben und **3 Min./37°C/Stufe 2** erwärmen. Restliche Teigzutaten zufügen und **5 Min./Teigstufe** kneten. Teig in eine Schüssel umfüllen und abgedeckt mind. 30 Min. ruhen lassen. Mixtopf spülen.

♡

Backofen auf 200°C Ober-/Unterhitze vorheizen. Für die Pistaziencreme alle Zutaten in den Mixtopf geben, **5 Sek./Stufe 4** mischen, dann **7 Min./90°C/Stufe 3** aufkochen. Zum Schluss noch einmal **12 Sek./Stufe 6** mixen. Umfüllen und Mixtopf spülen.

♡

Für die Streusel alle Zutaten in den Mixtopf geben und **16 Sek./Stufe 6** zu Streuseln verarbeiten. Bis zur Weiterverarbeitung im Kühlschrank ruhen lassen.

♡

Den Teig auf eine bemehlte Arbeitsfläche geben und in 10-12 gleich große Stücke teilen. Jedes Teigstück flach drücken, rund ausrollen (Ø ca. 8 cm) und in der Mitte etwas eindrücken, sodass ein höherer Rand ensteht.

♡

Jeweils die Pistaziencreme darauf verteilen und darauf ein paar abgetropfte Rhabarberstücke geben. Den Rand mit dem verquirlten Eigelb bestreichen. Streusel darauf geben und im Ofen 15-20 Minuten backen, bis die Taler goldbraun sind. Nach Belieben mit Puderzucker oder einem Zuckerguss garnieren.

PFLAUMEN-*Taler*

8 STÜCK

für den Teig

125 g	Milch, 1,5%
75 g	Zucker
½ P.	Trockenhefe oder ¼ Würfel frische Hefe
250 g	Weizenmehl, Type 550
1 Prise	Salz
60 g	weiche Butter

für die Streusel

100 g	kalte Butter
160 g	Mehl
100 g	Zucker
30 g	gehackte Haselnüsse
¼TL	Zimt
¼ TL	gem. Vanille/ Vanillepulver

für den Belag

700 g	Pflaumen
200 g	Mascarpone
80 g	Crème fraîche
1 TL	Vanillezucker
etwas	Puderzucker

Zubereitung

Milch, Zucker und Hefe in den Mixtopf geben und **3 Min./37°C/Stufe 2** erwärmen. 5 Min. ruhen lassen.

♡

Restliche Teigzutaten zufügen, **5 Min./Teigstufe** kneten, in eine Schüssel umfüllen und abgedeckt 30 Min. ruhen lassen. Backofen auf 200°C Ober-/Unterhitze vorheizen.

♡

In der Zwischenzeit die Pflaumen waschen, entkernen und vierteln. Alle Zutaten für die Streusel in den Mixtopf geben und **20 Sek./Stufe 5** verarbeiten. Kalt stellen.

♡

Mascarpone, Crème fraîche und Vanillezucker in den Mixtopf geben, **30 Sek./Stufe 3** cremig rühren.

♡

Teig auf eine bemehlte Arbeitsfläche geben, in 8 gleich große Portionen aufteilen. Zu runden Talern (Ø ca. 13 cm) ausrollen und auf ein mit Backpapier ausgelegtes Backblech geben.

♡

Creme auf die Taler streichen, mit den Pflaumen und Streuseln gut belegen und abgedeckt nochmal 30 Min. ruhen lassen. Im vorgeheizten Backofen ca. 25 Min. goldbraun backen. Die abgekühlten Pflaumentaler mit Puderzucker bestäuben.

10 STÜCK

Kirschkissen

MIT CAPPUCCINO-STREUSEL

Pro Stück: 372 kcal
53 g KH | 8 g EW | 14 g Fett

für die Streusel

75 g	kalte Butter, in Stücken
150 g	Mehl
1 TL	lösliches Espressopulver

für den Belag

1 Glas	Kirschen (Abtr.gew. 370 g)
2 EL	Vanillepuddingpulver
25 g	Zucker

für den Teig

300 g	Mehl
1 P.	Backpulver
90 g	Zucker
1 Prise	Salz
1 TL	Vanillezucker
150 g	Magerquark
40 g	Milch, 1,5%
1	Ei (Gr. M)
60 g	Öl

Zubereitung

Butter, Mehl und Espressopulver in den Mixtopf geben und **20 Sek./Stufe 6** zu Streuseln verarbeiten. Umfüllen und kalt stellen. Mixtopf spülen.

♡

Kirschen in einem Sieb abtropfen lassen. Den Saft dabei auffangen. Saft mit Vanillepuddingpulver und Zucker in den Mixtopf geben, auf **Stufe 3** kurz verrühren, dann **6 Min./100°C/Stufe 3** aufkochen. Kirschen zugeben und **2 Min./80°C/ ⟲ /Sanftrührstufe** untermischen. Umfüllen. Mixtopf spülen.

Alle Zutaten für den Teig in den Mixtopf geben und **1 Min./Teigstufe** kneten. Den Teig in 10 gleich große Stücke teilen, mit bemehlten Händen zu Kugeln formen und auf bemehlter Arbeitsfläche ca. 10 cm rund ausrollen.

Taler auf zwei mit Backpapier ausgelegte Backbleche geben. Kirschkompott und Streusel darauf verteilen. Im vorgeheizten Backofen bei 200°C Ober-/Unterhitze ca. 20 Min. goldgelb backen. Auf einem Kuchengitter auskühlen lassen.

Pro Stück: 379 kcal | 60 g KH
5 g EW | 14 g Fett

Amerikaner

für den Teig

100 g	weiche Butter
100 g	Zucker
1 EL	Vanillezucker
1 Prise	Salz
2	Eier
250 g	Mehl
1 P.	Vanillepudding-pulver zum Kochen
2 TL	Backpulver
70 g	Milch, 1,5%
1	Bio-Zitrone, Schalenabrieb davon

Für die Glasur

200 g	Puderzucker
30 g	Milch, 1,5%
1 Spr.	Zitronensaft
50 g	Zartbitter-schokolade

Zubereitung

Butter, Zucker, Vanillezucker und Salz in den Mixtopf geben und **45 Sek./Stufe 3** rühren. Restliche Teigzutaten zugeben und alles **2 Min./Stufe 3** cremig rühren.

Teig in einen Spritzbeutel mit Spritztülle füllen oder mit zwei Esslöffeln den Teig in 8-10 Portionen auf zwei mit Backpapier ausgelegte Backbleche geben. Genügend Abstand zwischen den Portionen lassen, da sie noch aufgehen.

Im vorgeheizten Backofen bei 200°C Ober-/Unterhitze ca. 15 Min. backen und auf dem Blech auskühlen lassen. Mixtopf spülen.

Für die Glasur Puderzucker, Milch und Zitronensaft in den Mixtopf geben und **30 Sek./Stufe 3.5** mischen, sodass eine streichfähige Glasur entsteht. Glasur auf die ausgekühlten Amerikaner geben und verstreichen. Trocknen lassen.

Zartbitterschokolade in kleinen Stücken in der Mikrowelle oder im Wasserbad auf dem Herd schmelzen. In feinen Streifen über die getrocknete Zuckerglasur träufeln.

8-10 STÜCK

Pro Stück: 320 kcal | 45 g KH
8 g EW | 11 g Fett

Schokobuchteln
MIT NOUGAT-KIRSCH-FÜLLUNG

für den Teig

250 g	Milch, 1,5%
1 TL	Zucker
25 g	frische Hefe
470 g	Mehl
1 TL	Vanillezucker
1	Ei
1	Eigelb
60 g	Zucker
30 g	Backkakao
70 g	weiche Butter

für die Glasur

50 g	Sahne
1 TL	Kakaopulver, löslich

Puderzucker zum Bestäuben

für die Füllung

60 g	getrocknete Kirschen
100 g	Nougat, schnittfest
40 g	Sahne

12 STÜCK

Zubereitung

Milch, Zucker und Hefe in den Mixtopf geben und **3 Min./37°C/Stufe 2** erwärmen. 10 Min. ruhen lassen.

Restliche Teigzutaten zugeben und **8 Min./Teigstufe** kneten. In einer Schüssel abgedeckt mind. 1 Std. gehen lassen, bis sich das Volumen sichtbar vergrößert hat.

In der Zwischenzeit die Füllung zubereiten. Dazu Kirschen in den Mixtopf geben und **10 Sek./Stufe 7** zerkleinern. Nougat und Sahne zugeben, **4 Min./50°C/Stufe 1** erwärmen. Umfüllen und abkühlen lassen.

Nach der Gehzeit Teig auf eine bemehlte Arbeitsfläche geben und in 12 gleich große Stücke teilen. Jedes Teigstück flach drücken. Je 1 TL der Nougat-Kirsch-Füllung darauf geben und mit bemehlten Händen zu einer Kugel formen. Die Buchteln in eine gefettete Auflaufform setzen und abgedeckt 30 Min. ruhen lassen.

Backofen auf 180°C Ober-/Unterhitze vorheizen. Sahne mit Kakaopulver verrühren und die Teiglinge damit bestreichen. Buchteln im unteren Drittel des Backofens ca. 25-30 Min. backen. Mit Puderzucker bestäuben.

Pro Stück: 392 kcal | 62 g KH
9 g EW | 11 g Fett

Schoko-Kirsch-Schnecken

12 STÜCK

für den Teig

100 g	Wasser
50 g	Zucker
½ Würfel	frische Hefe
200 g	Milch, 1,5%
700g	Mehl
½ TL	Salz
2	Eier
70 g	Öl

für die Füllung

140 g	Nuss-Nougat-Creme
1 Glas	Kirschen, gut abgetropft (Abtr.gew. 390 g)
etwas	Puderzucker zum Bestäuben

Zubereitung

Wasser, Zucker und Hefe in den Mixtopf geben und **3 Min./37°C/Stufe 1** erwärmen. Milch und 200 g Mehl hinzufügen, noch einmal **2 Min./37°C/Stufe 1** mischen. 5 Min. ruhen lassen.

Nun die restlichen Teigzutaten zugeben und alles **5 Min./Teigstufe** kneten. In eine Schüssel umfüllen und abgedeckt ca. 1,5 Std. gehen lassen.

Teig auf einer bemehlten Arbeitsfläche zu einem Rechteck von ca. 30 x 45 cm ausrollen. Nuss-Nougat-Creme in der Mikrowelle oder auf dem Herd kurz erwärmen, damit sie streichfähiger wird. Teig mit der Creme bestreichen und mit den Kirschen belegen.

Teig aufrollen und in ca. 3 cm breite Stücke schneiden. Mit der Schnittfläche nach unten in eine gefettete Auflaufform geben und nochmals abgedeckt ca. 30 Min. gehen lassen.

Backofen auf 180°C Umluft vorheizen. Schoko-Kirsch-Schnecken im Backofen ca. 20 Min. backen, abkühlen lassen und mit Puderzucker bestäuben.

Pro Stück: 240 kcal | 27 g KH
4 g EW | 13 g Fett

SCHNELLE *Zimtröllchen*

für den Teig

300 g	Mehl
90 g	weiche Butter
150 g	Milch, 1,5%

für die Füllung

60 g	weiche Butter
40 g	brauner Zucker
1 TL	Zimt

für den Zuckerguss

150 g	Zucker
2 EL	Wasser, heiß

10 STÜCK

Zubereitung

Backofen auf 200°C Ober-/Unterhitze vorheizen. Mehl und Butter in den Mixtopf geben, **5 Sek./Stufe 5** verrühren. Milch hinzufügen und **1 Min./Teigstufe** kneten.

♡

Teig auf einer leicht bemehlten Arbeitsfläche zu einem Rechteck von ca. 25 x 40 cm ausrollen.

♡

Für die Füllung Butter, Zucker und Zimt in den Mixtopf geben und **10 Sek./Stufe 4** verrühren. Auf die Teigplatte geben und verstreichen.

♡

Die Teigplatte nun von der langen Seite her aufrollen und in etwa 3 cm dicke Scheiben schneiden. Auf ein mit Backpapier ausgelegtes Backblech mit der Schnittfläche nach unten legen und ca. 20 Min. goldbraun backen. Mixtopf spülen.

♡

Zimtröllchen etwas abkühlen lassen, währenddessen den Zuckerguss zubereiten. Zucker in den Mixtopf geben und **20 Sek./Stufe 9** pulverisieren. Alles mit dem Spatel vom Mixtopfrand nach unten schieben. Wasser zugeben und **20 Sek./Stufe 3,5** verrühren und die Zimtröllchen damit verzieren.

Pro Stück: 192 kcal | 25 g KH
2 g EW | 9 g Fett

Zitronentaschen

für den Teig

- 120 g Wasser
- 1 P. Trockenhefe
- ½ TL Zucker
- 2 Eier
- 80 g Buttermilch
- 70 g Zucker
- 55 g weiche Butter
- 1 Vanilleschote, Mark davon
- ½ TL Salz
- 500 g Mehl

für die Füllung

ca. 150 g Lemon Curd (ca. 10 TL)

für das Topping

- 50 g geschmolzene Butter
- 100 g Zucker
- 2 EL geriebene Zitronenschale
- 1 TL geriebene Orangenschale

für den Zuckerguss

- 100 g Puderzucker
- 20 g Wasser
- 1 Spr. Zitronensaft

Zubereitung

Wasser, Hefe und ½ TL Zucker in den Mixtopf geben und **2 Min./37°C/Stufe 1** erwärmen. 10 Min. ruhen lassen. Restliche Zutaten für den Teig zugeben und **5 Min./Teigstufe** kneten. Teig in eine Schüssel umfüllen und abgedeckt 1 Std. gehen lassen. Mixtopf spülen.

♡

In der Zwischenzeit 100 g Zucker mit Zitronen- und Orangenschale im Mixtopf **30 Sek./Stufe 3** mischen.

♡

Zwei Backbleche mit Backpapier auslegen. Teig auf eine bemehlte Arbeitsfläche geben und zu einem Rechteck von 30 x 40 cm ausrollen. In 12 Quadrate von ca. 10 x 10 cm schneiden.

♡

Auf eine Hälfte jedes Rechtecks 1 TL Lemon Curd geben und zusammenklappen. Kanten gut andrücken. Teigtaschen auf die Backbleche geben, mit geschmolzener Butter bestreichen und mit der Zuckermischung bestreuen. Mixtopf spülen.

♡

Noch einmal 30 Min. ruhen lassen. Backofen auf 175°C Ober-/Unterhitze vorheizen. Teigtaschen 25-30 Min. backen, bis sie goldbraun sind. Auf einem Kuchengitter auskühlen lassen. Puderzucker, Wasser und Zitronensaft in den Mixtopf geben, **10 Sek./Stufe 3** verrühren und die abgekühlten Taschen damit verzieren und mit Puderzucker bestäuben.

12 STÜCK

Pro Stück: 407 kcal | 57 g KH
8 g EW | 16 g Fett

STREUSEL-Brötchen

für den Teig

150 g Milch, 1,5%
½ Würfel frische Hefe
1 TL Zucker
380 g Mehl
70 g Zucker
2 TL Vanillezucker
50 g weiche Butter
1 Ei
2 TL Schalenabrieb einer Bio Zitrone

für die Streusel

150 g Mehl
50 g feine Haferflocken
1 Msp. Backpulver
50 g Zucker
120 g weiche Butter
½ TL Zimt

Milch zum Bestreichen

10 STÜCK

Zubereitung

Milch, Hefe und 1 TL Zucker in den Mixtopf geben und **3 Min./37°C/Stufe 2** erwärmen. 15 Min. ruhen lassen.

♡

Restliche Teigzutaten zugeben und **4 Min./Teigstufe** kneten. Den Teig in eine Schüssel geben und 30 Min. abgedeckt gehen lassen.

♡

In der Zeit die Streusel zubereiten. Streuselzutaten in den Mixtopf geben und **15 Sek./Stufe 6** zu Streuseln verarbeiten. Kühl stellen. Backofen auf 200°C Ober-/Unterhitze vorheizen und ein Backblech mit Backpapier auslegen.

♡

Den Teig zu einer Rolle formen und in 10 Stücke teilen. Zu Kugeln formen und dann zu Teigfladen flach rollen. Die Teigtaler auf das vorbereitete Backblech legen, mit etwas Milch bestreichen, Streusel darauf verteilen und noch einmal 15 Min. ruhen lassen. Die Streuselbrötchen nun für ca. 20 Min. goldbraun backen.